Jewi$h Wealth Mind$et

犹太人的思维

[德]蓝龙（Raphael Genis）◎著

清华大学出版社
北 京

北京市版权局著作权合同登记号　图字：01-2018-8036

本书封面贴有清华大学出版社防伪标签，无标签者不得销售。

版权所有，侵权必究。举报：010-62782989，beiqinquan@tup.tsinghua.edu.cn。

图书在版编目(CIP)数据

"犹"钱的思维/(德)蓝龙著. — 北京：清华大学出版社，2019 (2020.12重印)
ISBN 978-7-302-51949-2

Ⅰ.①犹…　Ⅱ.①蓝…　Ⅲ.①犹太人—商业经营—经验　Ⅳ.①F715

中国版本图书馆 CIP 数据核字(2019)第 003539 号

责任编辑：张立红
封面设计：祝　芳
版式设计：方加青
责任校对：刘静婉
责任印制：刘海龙

出版发行：清华大学出版社
　　　　　网　　址：http://www.tup.com.cn，http://www.wqbook.com
　　　　　地　　址：北京清华大学学研大厦A座　　邮　　编：100084
　　　　　社 总 机：010-62770175　　邮　　购：010-62786544
　　　　　投稿与读者服务：010-62776969，c-service@tup.tsinghua.edu.cn
　　　　　质 量 反 馈：010-62772015，zhiliang@tup.tsinghua.edu.cn
印 装 者：小森印刷（北京）有限公司
经　　销：全国新华书店
开　　本：185mm×130mm　　**印　　张：**6　　**字　　数：**121 千字
版　　次：2019 年 4 月第 1 版　　**印　　次：**2020 年 12 月第 5 次印刷
定　　价：88.00 元

产品编号：081620-01

Raphael · Genis (Rafa)

蓝龙

德籍以色列犹太人
TEDx 香港 &TEDx 杭州特邀嘉宾
阿拉法犹太家庭教育创始人 &CEO
TTF（尝试失败）公益组织发起人
《"犹"趣的思维》作者
犹太思维智慧导师
中国国际广播电台 & 新华社瞭望东方撰稿人

Raphael Genis 先生出生于德国，成长在以色列，分别在意大利、英国和中国生活。他是一位年轻的犹太企业家，他将犹太文化研究和理论知识结合在一起，通过独特的个人经历和不同的视角，在中国和以色列之间架起一座文化桥梁。

感　谢

我想借此机会感谢我亲爱的家人，我的爸爸 Eli，我的妈妈 Irit，我的弟弟 Roy 以及我的妹妹 Loren。

谢谢他们给我的无条件的爱、理解与支持，在中国的日子里，它们一直伴随着我。感谢他们与我一同庆祝这美好的时刻，同时给我克服困难的力量和精神鼓励。

除此之外，我想感谢祝芳——这位图像设计师，从开始就伴随我左右，用她富有创造力的思维与神奇的画笔把我抽象的想法变为现实。虽然她仍在攻读本科学位，但完成这样一个独一无二且具有挑战的项目也展示出了年轻的中国一代的潜力与创造力。

在此特别想感谢赵芳，我的同事、我的好朋友。感谢钟静仪。这本书的字体、颜色以及整体外观大多是得益于她们的创造性思维与独特的美学功底。

我还要感谢我的另一位朋友以及同事——黄冰，因为她对细节的关注以及高超的中文水平，这本书才能给读者带来最好的阅读体验。

最后，感谢你们，所有亲爱的中国朋友！谢谢你们对我一直以来的支持，没有你们将不会有这本书的出版问世。

Rafa 谨上

引 言

"真的吗？你的下一本书是关于犹太人的财富智慧？太棒了，这正是我想要知道的，我也想学习犹太人的赚钱之道。"

在朋友读完我的第一本书以及我告诉他下一本书的主题是什么的时候，他当下的反应就是这样的。

老实说，我相信他并不是唯一一个，我想很多人会有相同的反应，都怀着急切而兴奋的心情去阅读这本书，渴望了解犹太人的赚钱思维，变得富有、开心，对吗？

没错，这本书会教给你犹太人真正的财富思维。它不仅教你如何赚钱、变得开心，而且更多地教你如何利用金钱去获得幸福。一定要注意，后者是完全不同于前者的。

"Rafa，你一定要勤奋学习、努力工作去赚钱，因为没有它你就无法生存。但是一旦你拥有了它，你就需要知道如何去使用它，因为如果你只有钱，你同样不能生存，更不用说会快乐了！"这是我年轻时，爸爸经常告诫我的。

因为当你没有钱时，你的身体将挑战你的生存；而当你有太多钱时，你的大脑便取代了你的身体而挑战你的生存！

犹太人相信教育：一方面它应该教会我们如何生存，另一方面它还应该教会我们如何生活。这就是犹太人在家庭教育，特别是财富教育方面所做的，它在"生存"和"生活"之间实现了平衡。

并不像很多人所认为的那样，犹太人的财富教育不但关注教孩子怎样赚钱以摆脱物质的贫穷，还教会孩子如何征服精神和思维的"贫穷"。不同之处不在于它们的具体技巧，而在于思维——财富思维！

犹太人怎样成功地将他们的财富代代相传？犹太人为什么要从事慈善活动，它是如何帮助他们守护并增加财富的？犹太人将什么样的风险与金钱相联系，他们会做什么来保护自己免受影响？为什么世界上那么多的有钱人，他们虽然拥有金钱和物质财富，但仍会陷入抑郁，沾染毒品甚至自杀？为什么金钱不等同于快乐？犹太人认为我们需要做什么才可以获得快乐？

《"犹"钱的思维》——一本尺寸不大，但充满了智慧的书，试图给你提供一个全新的角度，一次独特的机会去拥有更深、更广泛的见解，明白犹太人财富思维背后所实现的全球范围内的财富成功。

思维建立在善良、感恩、谦逊等核心价值观以及自我实现、社会责任和积极探索的生活态度之上。思维不仅教孩子如何赚钱，更为重要的是让孩子知道如何守护、传承和管理金钱，去改善生活，而非破坏或更为极端地毁灭它（如大量金钱带给人的负面影响一样）。

金钱是一种工具，是帮助我们生存、提高精神境界以及寻找快乐的工具。金钱也能成为毒药，侵蚀健康（精神问题）、阻碍成长（停止学习和自我挑战）、摧毁幸福（改变自己，忘记初心）。

作为人类，快乐是我们一生的终极追求。就像爱和成功一样，金钱也是一种帮我们找到快乐的工具。金钱虽然是快乐不可或缺的因素，但绝不是唯一的因素，也不是获得快乐的保证。

缺乏金钱是造成我们身体痛苦的核心原因，而缺乏思考是精神压抑和内心邪恶的根源。你可能贫穷，也可能富有，处于不同的处境，但拥有相同的结果——缺乏幸福感。

这就是犹太人所要传授给他们孩子的智慧——如何赚钱，但更为重要的是如何与钱做伴；为钱工作，但不要成为钱的奴隶。

这是我写这本书的初衷，也是《"犹"钱的思维》想要传递给你的信息，让你更深入、更广泛地了解犹太人财富思维的精髓。本书为你提供一种工具、一把钥匙，使你明白如何用一种"犹"钱的思维变成一个富有的人。

משמעות

[Mashmaut]

意义

生存、成长、给予和 **这是金钱的使用价值**

当你的肚子空空的时候，钱可以帮你填饱肚子。
当你的肚子饱了的时候，钱可以帮你填补其他的需要。
当你的肚子和其他的需要都在生理上得到满足的时候，
钱可以被用到更有价值的地方——
学习、旅游、做慈善、帮助别人，
见有趣的人、听有趣的故事、追求自己的爱好……
生存以金钱为基础，但幸福却不是。幸福需要去寻找，
伴随着成长与给予。

Survival, giving and growing—
These are the true usable values of money.

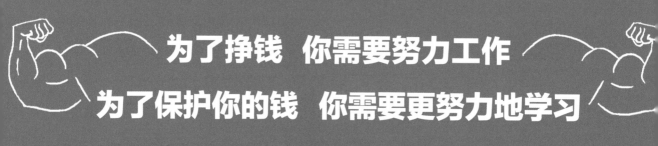

为了挣钱 你需要努力工作
为了保护你的钱 你需要更努力地学习

不断地发现机会，努力地追求和尝试，再加一点小运气，
可以帮助你赚到一大笔钱。

然而，只有保持饥饿感与好奇心，不断提出问题，坚持自律，拥有真正
的学习意愿，才能确保你不会失去金钱，反而会得到更多。

因为学习能让你继续成长，获得新的知识，锻炼你的大脑，
防止你偏离正确的方向。

To earn money you need to work hard.
To protect money you need to study even harder.

大多数人为了**退休**而工作
而犹太人是为了不**退休**

大多数人为了生活而工作,但犹太人为了工作而生活。
大多数人工作是因为他们必须这么做,他们为生存而工作,
但犹太人工作是因为他们想要这样做,他们在工作中不断成长。
大多数人之所以工作,是因为他们必须赚钱,而犹太人工作是因为他们想要创造价值。
大多数人认为赚钱是基于工作,而犹太人认为赚钱是基于创造或者产生的价值。
你为别人创造的价值越多,你才能为自己赚取更多的财富。

Most people work in order to retire.
Jewish people work in order to not retire.

贫穷 杀 你

富 挑战你

当你口袋里没有钱的时候,
你面临寻找食物和住所的挑战。
当你口袋里有太多钱的时候,你面临谦虚而不傲慢,
保持最初的自己而不偏离方向的挑战。
当你没钱的时候,你唯一的风险是生存,
而当你太有钱的时候,你的风险是改变。

Poverty kills you. Richness challenges you.

丰富的 物质 对于平凡人来说 是非凡的财富

而丰富的 自然和精神 对于非凡的人来说

是平凡的财富

平凡的人之所以平凡,
是因为他们不理解非凡的人所理解到的理念:
真实的财富随时随地都存在——积极的生活心态、美丽的自然风景……
平凡人和非凡人的不同之处,在于他们能感恩当下拥有免费事物的能力。

Material abundance is extraordinary wealth for ordinary people.
Natural and spiritual abundance is ordinary wealth for extraordinary people.

财富给你飞翔的翅膀

谦逊让你双脚站立

当你贫穷的时候，你别无选择——你活着就是为了生存。
当你富有的时候，你可以选择——你可以为了成长而活着。
当你有钱时，你会有更多的时间，
去学习更多、给予更多、见识更多、体验更多……
去更多的地方，认识更多的人和拥有更多的经历。
但是你越向上，你所面临的风险就会越大。
这就是为什么人需要谦逊，它能让你始终像在地面上行走一样平稳。

Wealth gives you wings to fly. Humility gives you feet to stand on.

财富包括金钱
但金钱并不总是意味着财富

从家庭和健康，

到爱情和工作，

金钱与财富，

正如红色与彩虹一样——

一种由各种元素组成的变体。

Wealth incorporates finance. Finance does not necessarily incorporate wealth.

更多的钱会让你
有机会去面对更大的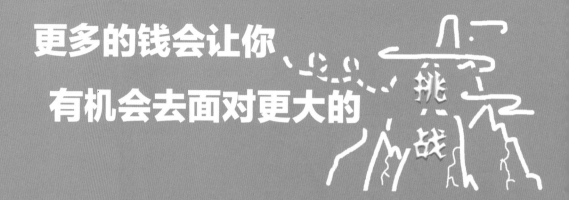

进入下一个游戏等级，总是会面临该等级相应增加的复杂性，
金钱也是如此，挣得越多，可能会减少你物质方面的问题，
却同时会增加你的精神忧虑，
你会担心失去它，担心该怎样保护它，担心如何使用它。
所以在你得到更多的东西之前，要确保你知道该如何掌控它。

More money only provides you the ticket to face
an even more difficult challenge.

鬼屋

价格表

旋转木马　¥20

热气球　　¥30

过山车　　¥50

鬼屋　　　¥70

成功不是一个客观的结果
而是一个主观不断成长的过程

成功是无法衡量的：
不能通过你的银行账户里有多少钱、你的车库里有多少辆车，
或者你的衣橱里收藏了多少个名牌包包来衡量。
成功也不能被定义：
不能通过你邻居对你的评价、你是否毕业于名牌大学，
或者以社会上一般表象的成功标准来定义。
成功是个人的和定性的，不是集体的和定量的。
成功是你如何过你的生活，而不是你在最后得到了什么。
成功是你是否在不断成长，比过去的自己更优秀！
金钱可以帮助你更好地追求成功，但金钱永远无法定义成功。

Success is not about an objective outcome.
It's about a subjective, and never-ending process of growth.

财富代表快乐 并聚焦于一个点

而这个点不是金钱

真正的财富是动态的,而不是静态的;是抽象的,而不是具体的;
它是由内而外的,而不是由外而内的。
和朋友、家人在一起,享受夕阳,聆听音乐,
在山中徒步,在咖啡馆看书,或做你梦想中的工作,
这些都是你的财富,让你快乐。
真正的财富是一种可持续的、真实的体验,它可以从外部激发,但必须始终根植于内心。
这就是为什么金钱永远不能成为财富的焦点。

Wealth stands for joy that has a focus, and this focus is not money.

定义你所拥有的物质
而不是让它们来定义你
这才是真正的智慧

在理想的社会里，人们用内在定义外在。
而在我们的现实社会中，却是由外在来定义内在。
真正的价值建立在你的内在思维、个性和智慧的基础上，
而不是由外在的包、手表或汽车等物质来决定的。
内在的魅力是永恒的，它可以从内部向外部扩散。
外在的惊艳是暂时的，它永远无法替代内在。

Define your material possessions,
rather than letting them define you. This is true wisdom.

金钱是危险的
请不要把你的信任建立于上

你需要"购买"朋友，但是你却可以轻易获得敌人。
只有通过长时间才可以赚取信任，而你却可以在短时间内赚取金钱。
你处处都能获得金钱，但却很难随时随地发现信任。
金钱不是你的敌人，也不是你的朋友。
使用它，但不要爱上它；享受它，但不要依赖它！
它可以今天是你的，而明天却是别人的。
所以要珍惜它，但不要相信它，
因为钱如同有翅膀的鸟，它可以眨眼间飞走，消失得无影无踪。

Money is dangerous, don't put your trust into it.

一个人的快乐是快乐，两个人的快乐才是幸福。
金钱花出去会减少，但是快乐"花"出去，反而会增加，永远不会减少。
当你花在自己身上时，你会得到短期的快乐和满足。
当你花在别人身上时，你就能获得长期的价值和幸福。
你能用眼睛看到的是一种平凡的财富，而你能用心感觉到的才是非凡的财富。
给予会滋养你的内心，使你的朋友增多，使你的敌人减少，防止你因为金钱而自我膨胀！
当你与他人分享，而不是为自己占有时，这会让你的内心变得更强壮、更灵活、更健康。
你的自我会限制你的自由；给予会帮助你战胜自我，给予会给你自由。

Most people believe that giving reduces your wealth, making you weaker.
Jewish people believe that giving increases your wealth, making you stronger.

**价值观的主要目的是
当我们处在两种可能矛盾的行为中时
指导我们做出正确的 选择
这就是为什么我们培养正确的价值观
需要比赚钱早一步**

金钱能帮助你更快地行动，但价值观能帮助你更稳定地行动。
金钱可以敲开更多的机会之门，但是价值观可以让你选择正确的门。
金钱是引擎，而价值观是方向盘。
金钱能让你打扮得更漂亮，但不能主导你实际的行为表现，
厚德载物——在创造你的财富之前，你需要先建立你的价值观。
金钱会让你面临更多的选择以及更多的诱惑，
但金钱不能帮助你解决更多选择中遇到的问题。

The main goal of values is to guide us through conflicts between two possible behaviours. This is why fostering values precedes over earning money

财富规划是迈向财务自由的第一步
但是如果没有财富智慧
再多的财富也不能为你提供这种自由

去看心理医生的人分为两种：一种因为生活压力太大，缺乏物质基础；另一种因为生活压力太小，缺乏奋斗目标。

正确地管理你的金钱可以使你免受身体上的痛苦。

但是，只有你知道如何巧妙地管理你的思维，才能免受精神上的焦虑。

因为钱多并不意味着问题少，更多的金钱确实会带给你更多的选择。

同样，更多的选择会让你更头疼，不能保证你拥有更多的自由。

拥有财务自由，但是没有财富智慧，就像吃意大利面没有意大利肉酱一样——

它虽然可以填饱你的肚子，但你永远无法真实地享受到意大利面的滋味。

Financial planning is the first step toward financial freedom.
But without a financial mindset, no financial amount can provide you this freedom.

当你愿意付出更多时　　你一定会收获更多

"给予",能打开你的心扉:它让幸福感进入你的内心,同时对外传播正能量。
虽然幸福感只能温暖你,但正能量却能照亮你触及的世界。
因为就像匍匐在沙漠里的人们渴望甘泉一样,
在黑暗冰冷的世界里,你会被温暖的光源吸引。
这也是为什么美好的事情总会发生在美好的人身上——
这些美好的人收获了幸福感,也得到了他人的援助。

When you are willing to give more,
you are assured to receive more.

赚取金钱不容易
保护它也很难
传承下去更难

努力工作，技能和一点运气可以帮助你更快地赚取钱财。
努力工作，思维和大量的学习可以帮助你更长期地保护财富。
努力工作，心态和价值观可以帮助你更好地把财富传承下去。
技能可以帮助你挣钱，学习可以帮助你保护钱，
但只有价值观可以让你真正传承财富。
这便是家庭教育能做而学校教育不能做的本质区别。

Earning money is not easy. Protecting it is harder. Inheriting it is even more.

你拥有的财富越多
你的不安全感越重

当你身无分文之时,你担心没有足够的钱供你生存。
当你获得钱之后,你焦虑:如果没有足够的钱该怎么办?
如果你失去了它们,又该怎么办?
金钱不能解决问题,它只是改变了你看问题的角度。
这就是拥有财富思维和拥有赚钱技巧的本质区别。

The more money you have, the more insecure you become.

金钱可以拯救你的今天 也能毁坏你的明天

金钱就像你坠入爱河时拥有的能量，
在你十分渴望生存的时候给予你生活的希望。
但金钱也会像你失去爱情时消散的能量一样，
在你找不到生存的意义时，把你生活的希望也夺走。
如果你只想生存，拥有钱财是足够的，
但对于追寻幸福感来说却远远不够，因为这时你需要依靠其他事物。

Money can save you today and kill you tomorrow.

感恩的思维对于金钱来说就像太阳镜对于太阳 它帮助你阻挡太阳刺眼的光芒

太阳可以给我们带来温暖,也可能灼伤我们的眼睛:
这就是我们要戴太阳眼镜的原因。
金钱可以给我们带来"温暖",但是它也可以侵蚀我们的思维:
这就是我们需要感恩的原因。
就像太阳镜对于太阳光的抵抗作用,感恩对金钱也是一样:
让我们自由地享用它,保护我们免受金钱带来的担忧以及"不开心的风险"。

Gratitude mindset is to money, what sunglasses are to the sun.
It protects you from its dazzling rays.

你和金钱的关系
永远不可能是互惠的
要么是你爱它
要么是它爱你

有一些人对金钱趋之若鹜,他们只是想要变得富有。
另外一些人热爱自己的天赋,他们只是想要实现自己。
有一些人选择努力工作变得富有,
这些人可能会在短期内变得很富有,
但是很难长期保持下去,特别是精神上的富有,因为他们从来不满足于现有的财富。
有一些人选择努力工作为了实现自己,
他们不一定在短期内变得富有,但是很有可能会获得长期发展。
这就是为什么很多犹太人从事科学、医学、艺术、文学和教育的工作,荣获诺贝尔奖,
创造出震惊世界的壮举。

The relationship with money can never be reciprocal,
either you love it, or it loves you.

金钱和婚姻的关系是一样的
如果没有诚意 不可能长久

当我们结婚后，婚姻就建立在我们两人的真诚之上。
为了变富有，我们也需要把赚钱之路建立在内心的真诚之上。
在没有真诚的情况下，短期内可以赚到钱。但是不可以将它长久地保持下去。
因为犹太人相信，一个正直、真诚的穷人比一个卑躬屈膝的富人更有价值。

Money and marriage relationships are the same.
If there is no integrity, there can be no longevity.

金钱可以帮你过一种"平静"的生活
但是如果没有诚信
多少钱都无法得到这样的平静

我们努力赚钱是为了达到财务自由，找到内心的平静。但是，如果在赚钱的过程中使用不真诚的手段，无论有多少钱或者实现何种程度的财务自由，都没有办法让你找到内心的平静。这就是为什么在希伯来语（犹太人的语言）的词汇中，"平静"和"真诚"这两个单词拆分出来都有一个相同的词根（ש.ל.מ.——完整）。如果内心不完整，就无法找到真正的平静；如果你没有真诚，就无法拥有完整的内心。

Money can make you live in peace. But without integrity,
no amount of money can provide you this peace.

智慧的真谛在于谦逊
慈善的本质在于低调

拥有智慧可以改变我们的思维,参与慈善可以改变我们的心态。
智慧是懂得如何思考,慈善是懂得如何给予。
真正的智慧是知道自己知道的不够,这被称为谦逊。
真正的慈善是知道如何给予而不留名,这叫作低调。

The true essence of wisdom is humility.
The true essence of charity is discreetness.

金钱不是为了让你 控制
而是让你管理
不仅为自己管理
还要和更多的人分享

理论上来说,父母应该用相互分享和信任的爱来养育他们的孩子,
但是实际上父母更偏向用个人的自私和恐惧的爱来控制他们的孩子。
因为孩子在家里看到的是控制和自私,而不是自由和分享,
所以他们在社会上也会有相同的行为:
在爱情里,在工作中,在金钱上,都想要控制。
你与金钱的关系,就像你与人的关系一样,
为了使它的价值最大化,并提高它的价值,
它应该被积极地管理和分享,而不是让它静静地被控制和占有。

Money is not for you to control, only for you to manage.
Not only for you to manage, but also for you to share with others.

食物滋养我们的身体
爱充实我们的灵魂
学习丰富我们的思维

没有食物，我们的生命就会消失。
没有爱，我们的精神就会消失。
没有学习，我们的思维就会消失。
金钱仅仅是一种简单的营养来源，
但没有金钱，你的身体、精神和思维都会消失。

而金钱呢
它却是
上述一切的基础

Food nourishes our body.
Love fills our spirit.
Learning enriches our mind.
And money? It sustains them all.

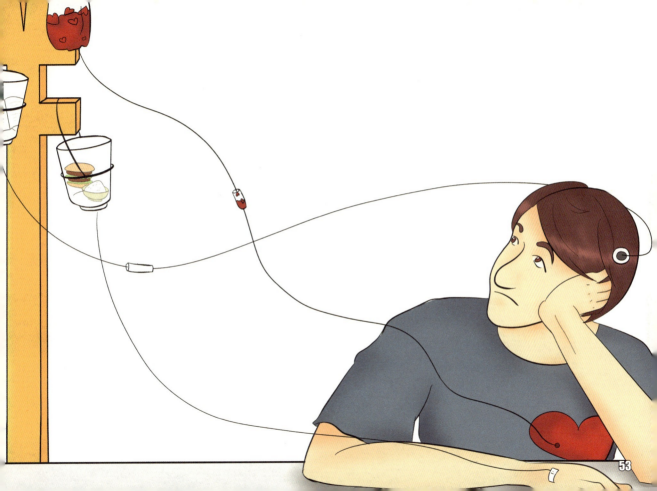

我们真正的价值在于我们的行动
而不是我们的银行账户

从福布斯富豪榜到胡润全球富豪榜,
很多人习惯以一个人拥有的多少来定义一个人的价值。
从犹太法典《塔木德》到睿智的学者,犹太人用"给予他人"的多少来定义一个人的价值。
因为用"拥有财富"的方式,定义一个人的价值是暂时的,
在你的生命结束后,这样的价值就贬值了。
然而,用"给予财富"的方式,定义一个人的价值是永恒的,这样的价值会不断增值。

Our true worth is in our actions, not in our bank account.

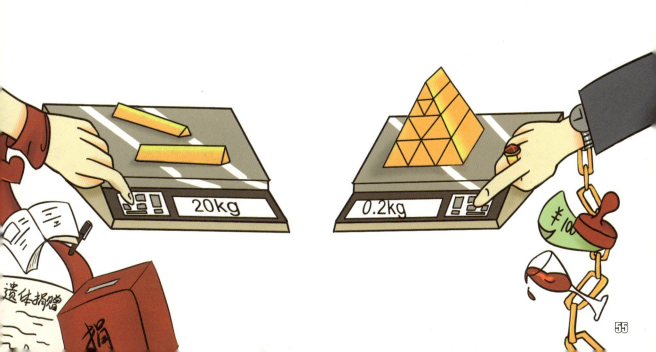

如果你想要了解一个人
要看他怎么花钱
而不是看他怎么赚钱

你能否挣钱？你知道怎么花钱吗？第一个问题用的是"能不能"，它通常指的是一个人的客观技能，是可以在学校里学到的知识。第二个问题用的是"知不知道"，它指的是一个人主观上的思维模式，是一种你应该在家里学到的东西。因为到最后，重点是看一个人如何花他的钱，而不是如何赚钱。因为懂得如何花钱能让你更好地积累钱，让你变得更富有，也更幸福。这同样可以让你了解一个人的人格品质，也是衡量一个人财务处理能力是否成熟的标准。

If you want to get to know a person,
look at how they spend their money, not how they earn it.

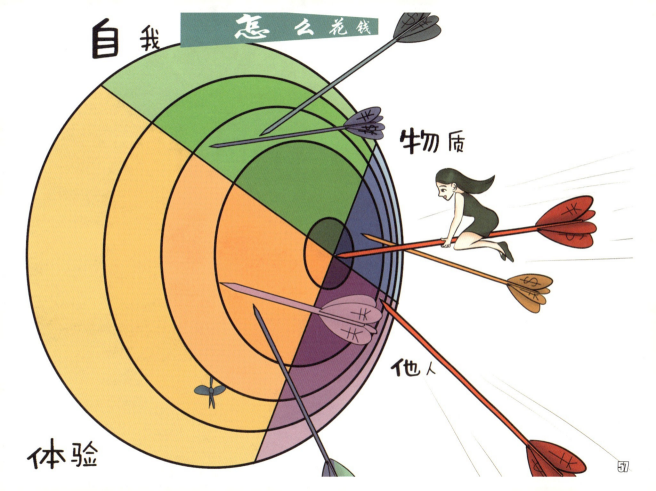

绿色与红色

这两个颜色让世界运转起来

美元是一个全球性的标志，它是财富的象征，
美元这个冷冷的绿钞在很大程度上意味着自私与权力。
心是人类生理机能的一部分，它代表着爱、情感，意味着分享与善良。
用心的内在力量来战胜美元的外在力量，红色的慷慨打败了绿色的傲慢。
这是为了我们和我们的下一代可以创造一个更美好世界的唯一途径。

Green and red, those are the two colours which make the world turn.

通过教导孩子感恩和了解自身价值你会给予他快乐保护他不受抑郁的影响

许多父母希望他们的孩子快乐,这就是为什么他们会给孩子所有想要的东西;犹太家庭的父母也希望孩子快乐,这是为什么犹太家庭的父母选择教孩子去欣赏自己所拥有的东西。

很多父母给孩子买名牌,犹太父母则会给孩子一个独立的身份。相关调查证明,你的孩子越感恩,他就越快乐。他的物质主义观念越少,他就越不容易焦虑和沮丧。

By teaching your child gratitude and self-worth you grant him with happiness and protect him from depression.

金钱用来帮助我们
满足生活更高的欲望
而不是成为**欲望**本身

理论上,金钱是帮助我们走到终端的工具。但在现实中,金钱往往成了终端。理论上,金钱是帮助人们做好的事情,让人们不断成长、不断给予。而在现实中,它变成了一种不好的武器,削弱人们的精神意志,带来贪婪和自私。

Money was meant to help us achieve life's higher aspirations, not to become the aspiration itself.

一开始 金钱作为你的仆人
但到最后 金钱
经常变成你的主人

金钱一开始作为我们的仆人,我们控制它。然而,很多时候,它会奋起反抗我们,并最终统治我们、控制我们。当你获取金钱的时候,金钱也会牵引你到一个危险的地方:财富带来权力、地位和自信,但这些外在的"虚假"价值观模糊了我们内在的"真实的罗盘",它使我们改变,让我们行动不理智,让我们违背我们的智慧、原始的价值观和意识。它会让我们变得盲目,忘记了我们真实的自己、我们为什么而活着,又为了什么而活。

Money starts off as your server, yet many times it ends up as your ruler.

真正的幸福是由内部驱动的 而不是聚焦于外在
它是由内向外推动 而不是从外向内拉动

消费可以让我们快乐。同样,内在满足感也会让我们快乐。
购物或优雅的下午茶可以迅速提高你的幸福指数,
但只有真正的爱情、真实的关系、有意义的工作和积极的心态才能保持它。
你可以通过拥有外在的物质来提高你内在的幸福,
但是你不能以外在的物质来代替内在的幸福。
因为幸福只能朝着一个方向发展,即由内向外推动。

True happiness is internally driven not externally focused.
It is pushed from the internal, not pulled from the external.

做慈善是你能

金钱风险最好的"财富保险"

你的财富越多,你的欲望就越多:消费的欲望,占有的欲望,荣誉的欲望等。
你同时会有自我膨胀的危险和精神上的负担,而这恰恰正是慈善能保护你的,
慈善能打破和削弱你的欲望,改善你的心态。因为当你向需要帮助的人捐赠时,
你会多考虑别人,少思考自己,从而从自私的心态中脱离。
你减少你的欲望,提升你的幸福,会更好地保护你的财富。

Engaging in charity is the best "wealth insurance"
you can get against the risk of money.

理论上**钱**越多 可以带给人们的**自由**就越多
在现实中
钱越多 就越能使人沦为**奴隶**

人们渴望自由，但是人们也害怕自由。
人们渴望有足够多的金钱，但是人们对金钱的欲望却永无止境。
我们拥有的越多，就越害怕失去；我们越想保护它，就越想赚取更多。
因为阻碍了我们自由的不是金钱，而是我们自己：
我们贪心地想要获得更多，渴望得到安全感——这会令我们不能实现真正的自由。

In theory, more money can provide people with more freedom.
In reality, more money makes people more enslaved.

金钱就像食物 你吃得越多 或者你保留的时间越长 它越有可能让你生病

试着一次性吃六根香蕉,或者把它们放在家里一个月,
虽然造成的影响不同,但两者的结果都是负面的。
钱也一样,你可以使用它,适当为你自己消费;
或者分享它,和他人一起消费。
但是无论你做什么,你都必须使用它!
因为钱是一种能量,它需要积极运作起来,而不是静止不动。

Money is like food: The more you eat of it for yourself and
the longer you keep it, the higher probability you will get sick of it.

没有 **钱** 你就无法生存
如果你只有 **钱** 那你就无法生活

没钱给我们带来最大的痛苦是——它能伤害我们的身体。
最艰难的挑战却来自拥有太多的金钱——它挑战我们的精神。
当我们没有钱的时候，我们需要保护我们的身体，为生存和生活而奋斗。
然而，当我们有太多的钱时，我们需要保护我们的精神，寻求金钱以外的目的和意义。
我们都渴望幸福，但是如果过着没有意义的生活，我们怎么能找寻到幸福呢？

With no money you cannot survive. With money alone, you cannot live.

金钱本身没有价值
你使用它的
会赋予你金钱的价值 方式

无论是美元、人民币还是以色列的 NIS（以色列的法定货币），
金钱本身就是普通、没有内在价值、被印刷出来的一张纸而已。
我们使用它来交换什么决定了它所拥有的价值。
无论是普通的食物、设计品牌、科技产品还是旅行体验等，
我们的选择可能有所不同，但我们最终的愿望是一样的，
那就是获得幸福。金钱本身不能给我们带来幸福，
我们使用它的方式可以帮助我们建立一座通往幸福的桥梁。

Money in itself has no value.
It is how you use it which determines the value you give to it.

多数人做慈善是因为他们想要做

犹太人做慈善是因为他们必须做

英语单词中的"慈善"起源于拉丁语,意思是用心做某一件事情,某一件你可以做的事情。
希伯来语"Tzedakah"来自另一个希伯来语单词,意思是做一些正义的事,你必须做的事!
因为当其他文化把慈善作为一种可做可不做的选择来帮助穷人时,
犹太文化认为慈善是一种你必须履行它来帮助社会的义务。

Most people give charity because they want.
Jewish people give charity because they must.

许多人认为**免费**的东西没有价值
而我父亲总是告诉我 免费的东西是**无价**的

我们为奢侈品、精致的食物和独特的假期而付出高昂的费用。
但是,我们和亲人、朋友、爱人度过的美好时光却不需要支付任何费用。
他们与我们分享笑容和拥抱,他们给我们创造美好的记忆和欢笑,
他们给我们健康和幸福。生活中最美好的东西就围绕在我们周围,
现在就在我们的身体里,而不是等待明天。它们是完全免费的。
这就是为什么它们如此有价值。所以在我们失去它们之前,去珍惜它们。

Many people believe that free things have low value.
My father always told me that free things are the most expensive.

金钱如烈火

**如果得不到很好的管理
它就能让人自焚和毁灭
但如果能被适当掌握
它就会给你力量和温暖**

火可以帮助你做出美味的佳肴,可以帮助你保持身体的温暖;
然而,火也可以烧毁你的食物,可以摧毁你的房子。
金钱可以让你获得食物,也可以让你的身体获得温暖;
然而金钱也可以"偷走你的灵魂",使你精神颓废。
金钱可以给你带来新的朋友,却不能保护你的老朋友。
金钱能给你信心去尝试,但金钱不能保证你取得成功。
金钱可以使你的外表"光鲜亮丽",但也会使你的内心变得"阴暗丑陋"。
小心地管理金钱,这样它就能帮助你建立你的财产,而不是毁坏你拥有的一切。

Money is like fire; if unmanaged it can burn and destroy.
Yet when mastered it can empower and warm us.

金钱应该能让人心灵平静
而不是带来更多的 痛苦 和麻烦

金钱，

它应该减少你的困扰，而不是增加你的焦虑。

它应该给你带来平和，而不是压力。

它应该使你生活得更轻松，而不是更困难。

它应该让你拥有更积极的生活态度，而不是消极悲观。

它应该给你带来更多与家人相伴的自由时间，而不是让你更忙于工作 。

金钱，理论上就应该是这样，但实际并非总是如此！

Money should bring peace of mind, not additional distress and headache.

当你没有足够的 金钱 时
你应该寻求生机

当你有足够的 金钱 时
你应该寻找人生的意义

当所拥有的金钱比我们所需要的少的时候叫作赤字,
而所拥有的金钱比我们所需要的多的时候叫作盈余。
当我们生活在赤字状态时,我们会被贫穷所困扰,
而不能做出选择,因为我们首先必须要确保生存。
但当我们生活在盈余状态时,我们会被富足所分心,
我们可以选择,所以我们必须先在生活中找到价值。
因为只有价值才能保护我们不受所拥有的丰富物质的影响。
如果有太多的钱而有太少的使用方法,这笔钱的价值永远不会被提升,
它们反而会贬值。而这个价值,永远不会来自物质层面。

When you don't have enough money, you should look for survival.
When you have too much money, you should look for meaning.

你付出的越多 你得到的就越多
你张开手臂来分享的空间越大
你获得的空间就越大

你自己向外付出的越多,你自身得到的就越多。
为别人捐钱或献血,给别人足够的关爱和时间,
这会让你远离抑郁,增加你的幸福感,改善你的健康。
慷慨与幸福不是相互关联的,幸福的人不一定慷慨。
相反,慷慨的人,却一定幸福。就像感恩和笑容一样,
给予和分享会增加你的幸福感,增强你的体质,改善你的生活。
因为你给予别人的温暖越多,你从别人身上吸收的能量就越多。

The more you can give, the more you can get.
The wider you open your hand to share, the more space you have to receive.

如果在短期内
你使用 你没有的钱财 去过 你想要 的生活
那么你将 会在长期内
不得不使用 你所拥有的钱财 去过你不想要 的生活

金钱可以帮助我们过上我们想要的生活，它可以让我们自由成长和飞翔，这就是金钱能带给我们的生活，这也正是贫穷无法让我们做到的事情。因为当你富有的时候，你可以控制贫穷，但是当你有债务的时候，你就会被你的债务所控制。

宁可粗茶淡饭却不用担心债务，也好于虽丰衣足食却
不得不东躲西藏地生活！为了过上你想要
的生活，你需要做你不想做的
事情，这叫作
自律。

平凡的生活会带给你非凡的财富，而炫耀的生活会让你失去已有的财富。

If in the short-term you use the money you don't have, to live the life you wish to live, then in the long-term you will have to use the money you have, to live the life you don't wish to live.

几年以后……

智慧能带来财富 但是财富不能带来智慧

创造财富的往往是智慧，
创造智慧的很少是财富，
往往是财富耗尽了智慧，
很少有智慧能耗尽财富。
因此，
为了创造财富，
你应该投资智慧。

Wisdom can lead to wealth. Yet wealth cannot lead to wisdom.

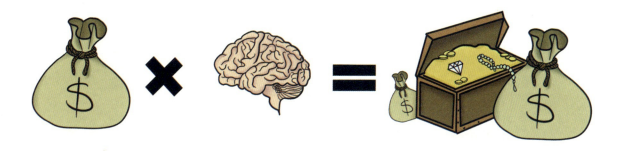

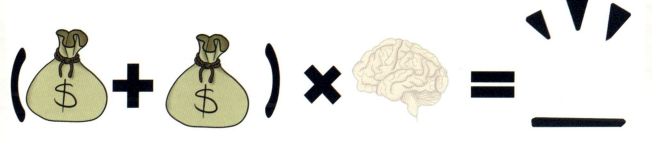

贪婪对于金钱来说
就像运动员的兴奋剂
它首先会把你推向高处
然后再让你跌入深渊

贪婪就像一个开关的按钮，
一旦你打开它，就很难再关闭它。
它可以给你驱动力，帮助你跑得更快，
但不会给你智慧，告诉你什么时候需要慢下来。
贪婪就像兴奋剂一样，
它今天能帮你"赢"钱，明天也会让你倾家荡产。

Greediness is to money, what doping is for athletes:
it first pushes you up, then pulls you down.

金钱可以重新赚回但时间却不能

我们的人生就像电池,当我们年轻时,充满能量和时间。随着我们年纪渐长,我们投资时间和能量。为了赚取更多的钱,我们牺牲与家人、朋友、伴侣、孩子相处的时间,舍弃一些我们喜欢做的事、我们想去的地方与我们想要交谈的人。

然后当有一天我们变老,我们终于有了足够的金钱和空闲时间,不幸的是,我们却没有足够的精力去使用它。时间会贬值,在我们年轻的时候,时间的价值非常高,但当我们年老时,它却会大打折扣。所以,我们应该用明智的方式使用时间。

Money can be recovered, time cannot.

对大多数人来说
所见才所信
而对于犹太人来说
所信即为所见

正如乔布斯所说：
"只有那些相信自己能够改变世界的人，
才是真正能够改变世界的人。"
这也正是犹太人的信仰，
犹太教育教导我们要以积极主动而非被动的态度面对一切。
每个孩子，每个人，生来就被赋予了一种使命，都将对这个世界产生影响。
因为正是你的心态影响着你的行为，而正是你的行为创造了你的财富。
自信是创造财富和成功的基础，父母相信孩子，孩子才会相信自己。

For most people seeing is believing. For Jewish people believing is seeing.

饥饿和饱腹 贫穷和富有
尽管情况不同 可却面对着 同等"死亡"的风险

有两种死亡方式：躯体死亡和精神死亡。
躯体是生存的根本，而精神是幸福的本源。
没有钱，你就不能生存，
你不能生存，因此你就没有机会追求幸福。
拥有太多的钱，却没有精神上的成长，
那么你可以生存下来，活下去，有机会追求幸福，
但你永远也找不到真正的幸福。
因为思想上没有成长，你就不会拥有真正快乐的生活。

Nothing to eat and too much to eat. No money and too much money.
While the scenarios are different, the risk of "dying" is the same.

多数人相信金钱能带来**安全感**
犹太人认为**安全感**能造就金钱

大部分人做生意是为了赚钱,而犹太人做生意是为了获得安全感,
因为犹太人常规的生活习惯建立在危机感之上,以此来掌控他们的命运。
因为只要你内心有安全的感觉,你就可以赚取更多的金钱。
但是无论多少金钱都不能带给你内在真正持久的安全感。

Most people believe money brings a sense of security.
Jewish people believe a sense of security brings money.

钱可以增加幸福感
但不能带来幸福感
钱可以增加安全感
但不能带来安全感

金钱可以作为一种生存的工具,
但它不会让你拥有完全放松、舒适的心态。
因为幸福的先决条件是安全感。
真正的安全是一种感觉,是看不见的。
感觉是内在的,而非浮于表面。
我们周围的事物都可以被拿走,
但我们内心的感觉却不能,幸福是由内而外的。

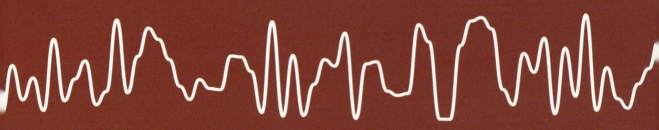

Money can increase happiness, but not give happiness.
Money can increase security, but not give security.

金钱可以成为安全感、力量、爱情或自由的来源
什么是真实？什么是虚假？
要么是家庭的教育教导你
要么是生活的经历告诉你

有些人认为金钱可以带来安全感，一旦有了金钱，他们就会发现并不是如此。
有些人认为金钱可以提供力量，从短期来看是，但从长期来看不是。
有些人相信金钱可以买到爱情，从外在来看可以，但从内部来看不可以。
有些人相信金钱可以带来自由，理论上是这样，但实际上取决于个人。
不同的人会学习不同的"课程"，但是不管你学到什么，
生活都会确保你在之后得到正确的"答案"。

Money can be a source of security, power, love or freedom.
What is real and what is fake? It is either your home education that
teaches you, or your life experience which tells you.

作为人类 我们拥有 **4** 种欲望
食物和归属感的欲望
金钱和物质财产的欲望
荣誉和权力的欲望
以及对精神成长和学习的欲望

人是欲望的产物,
我们存在的欲望是为了帮助我们实现对幸福的追求。
金钱的存在是为了帮助我们实现欲望。
我们每个人不同的欲望取决于我们的出生地和我们成长的家庭。
我们的第一个欲望是为了生存,
第二个和第三个只是暂时的,
而我们的第四个欲望才是永恒的。

We possess four desires as human beings: desire for food and belonging, desire for money and possession, desire for honor and control, and desire for spirituality and learning.

帮助别人
即使你知道他们不会帮助你
但这正是你能真正帮助自己的方法

孩子们给予，是因为他们想要给予，
而大人们给予，是因为他们想要获得回报。
孩子们快乐，是因为他们只想给予，
大人们不快乐，是因为他们只想要获得。
当你用你的钱去帮助别人时，
你就间接地用它来帮助了自己，
一些慷慨的行为会减少你的自我意识。

Help other people, even if you know they cannot help you.
This is how you can really help yourself.

当你使用金钱时
会减少你的财富和力量
而当你使用知识时
会增加你的智慧和力量

你花的钱越多，你所拥有的财富就越少；

你拥有的财富越少，你拥有的力量就越少。

你分享的知识越多，你获得的智慧就越多；

你拥有的智慧越多，你拥有的力量就越多。

因为知识是全球性的，它可以被带到任何地方。

然而，金钱是地方性的，它只能在某个地方使用。

知识在你的大脑里，金钱在你的口袋里。金钱是暂时的，但知识是永恒的。

所以，用智慧的方式投资你的知识，用聪明的方式投资你的金钱。

When you use money, you reduce it and your power.
When you use knowledge, you increase it and your power.

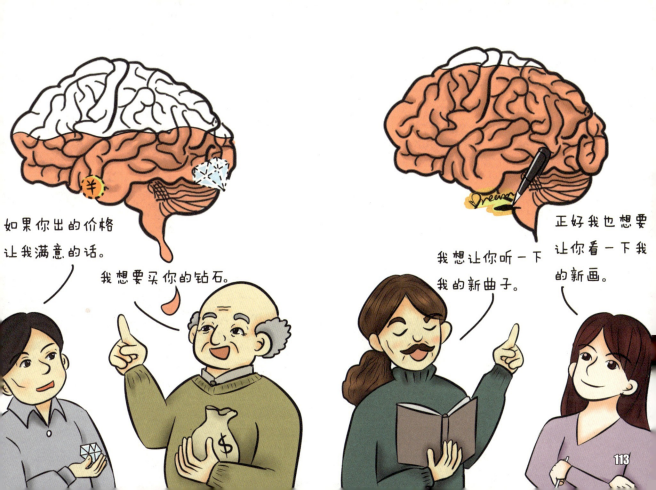

希伯来语中"Osher"这个词意思是幸福和富有
一种发音 却拥有两种不同的意思
但在词典里 幸福先于财富

在很多文化里面,使用口头语言来连接富有和幸福这两种概念,
只有犹太文化使用书面语言来连接它们。

一个单词拥有两个不同的意思。

和其他文化一样,犹太文化也认为财富与幸福有关。

唯一不同的是,方向是相反的,

即幸福驱动着财富,而不是先有财富再有幸福。

拥有财富,但缺乏幸福,那么财富没有任何价值。

The word "Osher" In Hebrew, means both happiness and richness:
one pronunciation with two different meanings.
Yet in the dictionary it's happiness which precedes richness.

价值观胜过财富
没有价值观
财富就无法胜过时间

你可以在金钱面前低头，但你永远不能卑躬屈膝。
你为了赚取钱财，可以调整你的原则，但决不能破坏它们。
财富和金钱的积累是对你为他人创造价值的回报。
但是，诚信、尊重、平等和公平是所有被创造价值的根本。
一旦基本价值被破坏，任何价值都不会被创造。

Values win over wealth.
Without values, wealth cannot win over time.

不要被金钱 名誉 和 地位 所打动
应该为谦逊 慷慨和正直所动容

社会通常通过外在形象和标准，
而不是内在的品质和特性来定义人们的成功。
我们经常关注他们有多少钱、他们有多出名以及他们拥有的社会地位，
而不是关注他们如何对待他人、他们做了什么、他们是什么样的人。
外在的标准，如金钱、名誉或社会地位，你需要获取；
但内在的品质，如谦逊、正直和慷慨，你需要保护。
保护总是比赚取更难。

Do not be impressed by money, fame, and degrees.
Be impressed by humility, generosity, and integrity.

有一些人是外在的贫穷
内在的富有
有一些人是外在的富有
内在的贫穷

金钱、轿车和名牌可以让你的外表闪闪发光，在其他人面前看起来很富有。
幸福、成就感、平和可以让你的内心闪闪发光，让你自己感受到富有。
"富有的光芒"能带来温暖：一种温暖是针对我们自己，
另一种温暖是针对他人。为什么？简单来说，
温暖的光芒只能向一个方向闪闪发光：向外。

There are those who are poor outside, yet wealthy inside.
And there are those who are wealthy outside, yet poor inside.

多数人相信工作
是为了完成一个任务
为了生存
犹太人相信工作
是实现自己的工具
为了成长

多数人认为你应该热爱你所做的工作，
而犹太人认为你应该做你热爱的工作。
多数人认为工作使你变老，
而犹太人认为工作能使你保持年轻。
因此，多数人为了退休和开始生活而工作，
但是犹太人为了不退休和"生活"而工作。
这就是为什么在希伯来语中没有"退休"这个词。
因为一旦你停止工作，你也会停止成长。
一旦你停止成长，那你就会开始退步。

Most people believe work is a task to complete in order to survive.
Jewish people believe work is tool for self fulfilment in order to grow.

当你有了内在的安全感 你可以在不舒服的地方过得舒服

拥有内在的安全感，
不是在于消除外在的威胁或内心的恐惧，
而是在面临威胁和恐惧时，你一样可以很自信地生活。
因为真正的内在安全感不是取决于外在的事物，而是内在的感受：
这是一种相信自己无论在何时何地，
都能成功地面对你所遇到的任何问题和挑战的感受。

When you have inner security,
you can feel comfortable,
living uncomfortably.

自信跟安全感有所不同

可以伪装
安全感不是

一个有钱的人开着法拉利，可能看起来很自信，
但他的内心不一定安定。
信心可以通过金钱或几句话来"购买"，
但安全感需要通过大量时间和行为来证明。
信心可以从外部获取，安全感必须从内部驱动。
找到自信不容易，但是找到安全感更难。
金钱可以为我们提供自信，但不能提供安全感。

Confidence and security are not the same:
confidence can be faked, security cannot.

自信

哪面镜子中是**真正**的你？

安全感

大多数人相信外在的成功可以弥补内心的不足；
犹太人相信外在的成功只会增加内在的富足。
从本质上来说，孩子的内心充满着能量；
在现实生活中，成年人的内心总是充满各种各样的问题。
孩子充满能量是因为他们有幸福感；
成年人充满各种各样的问题，是因为失去了幸福感。
孩子天性快乐，是因为他们的内心拥有安全感；
很多成年人不开心，是因为他们失去了安全感。
虽然孩子天生会有安全感，
但不是所有的成年人都愿意付出努力保护它。
因为安全感和幸福驱动外界的成功和成就，
而内在的感觉给你探索世界的自信和勇气。

**大多数人普遍认为
成功是建立
幸福和安全感的基础
犹太人认为
安全感和幸福
是获得成功的基础**

Most people believe that success is the first floor
upon which happiness and therefore security is built on.
Jewish people believe that security is the basis upon
which happiness and success can be created.

一小滴水可以汇成一片海洋
一小堆硬币可以积累巨大的财富

要想变得强大，你需要从小处着手。
如果你想拥有巨大的财富，你需要有一个长期的眼光。
积累的每一小笔钱都可以创造更大的财富。
随着时间的推移，耐心和坚持可以把每一个梦想变成可实现的目标。
每一个目标都可以变成可获得的成就。

> Little drops of water make up a big ocean.
> Little saving of coins make up a big sum of money.

犹太人相信上帝会通过四个标准来判断一个人而第一个标准就是："在商业往来中你是否保持真诚？"

犹太人相信，衡量一个人成功的标准，是他品格的质量而不是财富的数量。真诚是你如何获得财富的途径，而不是你获得财富的多少。它决定你的成功——这就是为什么真诚如此重要。

Jewish people believe that God judges a person by four criteria. The first criteria is: "Did you ethically transact your business dealings?"

即使是一个**巨大**的人
也会被一只小虫子夺去生命

控制自己大脑的思想比生存斗争更具有挑战性。
在你富有之前,你会往低处看,也会尊重每一个人。
在你富有之后,你会更容易往高处看,有选择性地给予人尊重。
然而,作为一个非凡的人,意味着懂得尊重所有人。
因为如果你不这样做,即使是那些平凡的人也有可能会给你造成巨大的伤害
——记住,保持谦逊。

Even a big person can be chocked to death by an insect.

我们如何使用金钱、时间和能量
等于我们付出的成本
我们生活看起来的样子
等于我们获得的价值
我们生活的价值
基于我们个人的价值

你明天的生活取决于你今天做的决定。
你今天拥有的幸福感、安全感、自我实现、自由或内心的平和，
都是由你昨天所创造的价值带来的。
如何处理你的金钱？如何利用你的时间？如何分配自己的精力？
你的每一个决定都是由你的个人价值观决定的。
这些个人价值观创造了你生活的价值。

How we spend our money, time and energy is the price we pay.
The way our life looks is the value we receive.
Our life value is based upon our own values.

极大的财富
以极快的速度积累
很有可能带来极大的 毁灭

酒应该慢慢饮。
在饮酒之前,最好还应该吃点食物。
财富也像酒一样,需要慢慢积累,
而在你变得富有之前,你应该多经历一些磨炼。
太快积累的财富就像被迅速喝进的酒一样:
不能品尝到真正的滋味,反而会带来更大的毁灭。

Great wealth, accumulated at a great pace,
is very likely to bring upon great destruction.

你越少追求金钱
越多的健康就会追求你
你跟随财富的时间越长
越少的生命时间会跟随你

人们牺牲自己的健康来赚取更多的钱。
然后他们再把赚到的钱花费在恢复健康上。
他们为了赚钱而活着。但他们忘记了，生活应该为了活着而赚钱。
有一些人没有其他的选择：他们必须牺牲自己的健康来维持生活。
有一些人没有其他的意愿：为了赚取更多的钱，他们选择牺牲自己的健康。
理智地注意自己的身体，这样你才能更好地享受你的财富。

The less you chase after money, the more health chases after you.
The longer you run after wealth, the shorter life runs after you.

富裕的人和有钱的人的区别在于他们的 思想观念

有钱的人梦想他拥有多少资产

富裕的人之所以富裕,因为他生活是为了创造,而有钱人之所以只能称为有钱,因为他生活是为了积累。

富裕的人关注他在这个世界创造了多少价值

前者的梦想是为他人创造价值,后者的梦想是增加自己的财富。

前者憧憬更美好的未来,他的目光是长远的;

后者渴望得到当下的满足,他的目光是短浅的。

从外部来看,他们同样有钱;但是从内部来看,这两类人截然不同。

The difference between rich people and the wealthy is in their thoughts;
one dreams about the assets he possesses,
the other about how much value he creates in this world.

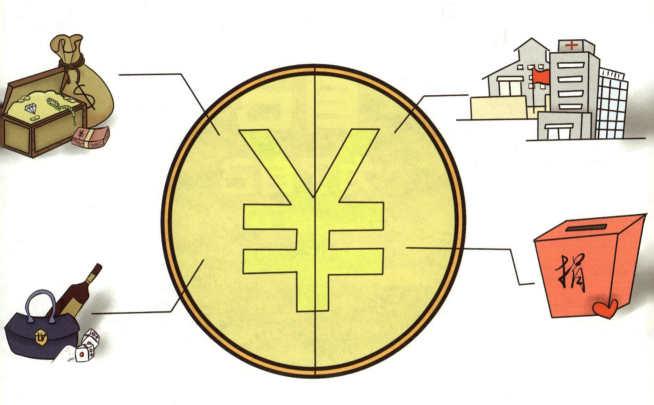

投资自己 为了自己

金钱可以是提升你生活水平的工具:

既可以投资你自己,也可以投资他人。

金钱也可以是降低你生活水平的工具:

为了向他人炫耀,而投资自己。

记住,给你自己买一个产品没有问题,

问题在于:当你给自己买一个东西的时候只为了给别人留下深刻印象,

相信这一时刻的快乐——是大脑里最大的一个"谎言"。

Invest in yourself, for yourself.

没有道德的富有不会有价值
没有智慧的富有仅是虚荣

拥有金钱是初步投资的最终回报。
财富可以提升你的个人价值,富有可以提升你的个人智慧。
但是如果你积累财富时,没有基于道德的标准,仅仅是通过智慧创造出来的,
那你的钱只是一张纸:它能够短暂吸引人,但是不能长久保留。
理论上来说:外在看来,金钱很诱惑人,实际内在是空虚的。

Wealth without honor has no value. While riches without wisdom is mere vanity.

我们的**肢体**功能基于我们的**心脏**

我们的心脏基于我们的**钱包**

我们的大脑基于我们**自己**

没有吃的食物,我们的身体无法正常运作。
没有正确思考的意识,我们的生活无法拥有快乐。
金钱协助我们的心理,它影响我们的身体——它帮助我们生存。
思维协助我们的大脑,它影响我们的生活——它帮助我们活着。

Our limbs functioning depends on our heart.
Our heart functioning depends on our wallet.
Our brain functioning depends on ourselves.

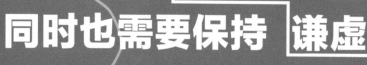

为了 赚钱
你既要有 "高傲" 的姿态
同时也需要保持 谦虚

若是你自己都不相信自己，生活也无法相信你。
如果你过度相信自己，生活同样不会相信你。
一点点的骄傲给你开始和前行的动力，
但是太多的骄傲会让你忘记了自己要去哪里。
自信是好的，但是它必须要不断地与自我怀疑和谦逊交融在一起。

If you want to earn money, you need to "be arrogant" while staying humble.

犹太人认为
你和金钱的关系
应该像你和盐的关系一样

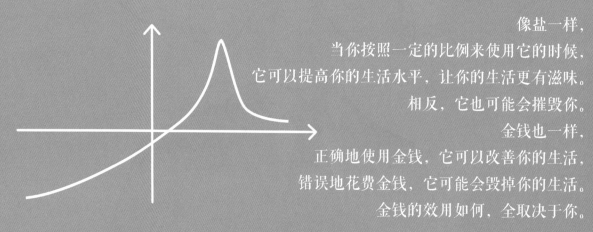

像盐一样,
当你按照一定的比例来使用它的时候,
它可以提高你的生活水平,让你的生活更有滋味。
相反,它也可能会摧毁你。
金钱也一样,
正确地使用金钱,它可以改善你的生活,
错误地花费金钱,它可能会毁掉你的生活。
金钱的效用如何,全取决于你。

Jewish people believe that your relationship with money
should be like your relationship with salt.

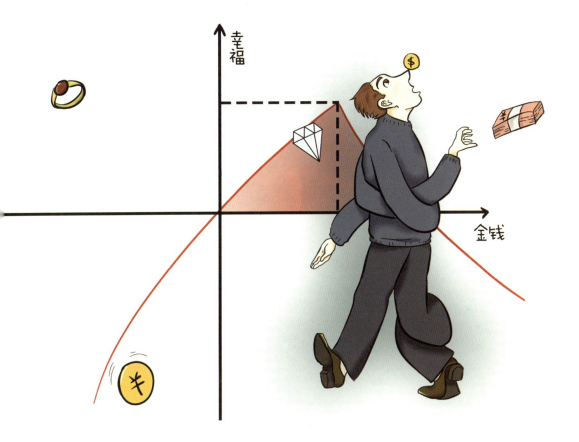

一个没有 钱 的地方
也不会有学习

钱给我们提供食物,
食物给我们提供能量,
如果胃里没有食物,大脑就不会有能量。
如果大脑没有能量,我们该如何学习呢?

In a place where there is no money, there can also be no learning.

富有的人和有钱的人的区别在于

前者让自己是一个**平凡**人
但事实上却是不**平凡**的人
而后者假装自己非常不**平凡**
但事实上只是一个**平凡**人

有钱人有很多,但是真正富裕的人却很少。
因为真正的富裕在于懂得而不炫耀,而有钱的定义在于不懂得而炫耀。
非凡的人懂得他们的真实身份和价值,这就是他们不寻常的原因。
然而,普通人并不懂得他们的真实身份和价值,这就是为什么他们试图表现得不平凡的原因。
富有是一个广泛的描述,但是有钱却是一个狭隘的形容。
富裕包括思维模式,而有钱只局限于金钱。

The difference between a wealthy person and a rich man:

The former pretends to be ordinary, yet is extraordinary,

while the latter pretends to be extraordinary, yet is ordinary.

追求金钱就像在迷宫中寻找出口

每个人都可以进入迷宫,但不是每个人都能走出迷宫。
每个人都想要赚取更多的钱,但只有极少一部分人知道什么时候拥有了足够的钱。
欲望是驱使我们开始比赛的动力,缺少智慧使我们永远无法结束这场比赛。
追逐金钱是一条没有尽头的路,你跑得越久,你就越累。

Pursuing money is like looking for the exit in a maze.

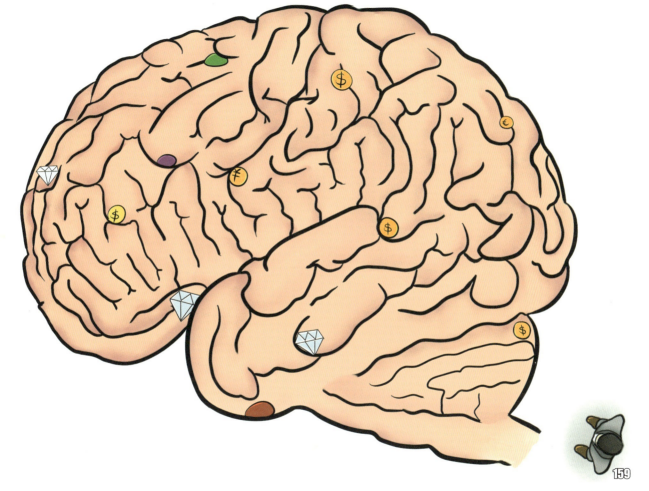

财富会影响我们的个性
就像化妆品会影响我们的脸一样

具有两  性

化妆品可以让我们看起来更漂亮,财富也一样;
化妆品也可能会让我们看起来更丑陋,财富也一样。
你用的化妆品越多,你看起来就越不自然;
你用越多的金钱来炫耀自己,你看起来就越浮浅。
要平衡地使用金钱:用在灵魂和身体上,也要用在自己和他人身上。

Wealth can influence our character the same way that cosmetics can influence our face; both positively and negatively.

财富既是**礼物**也是义务
既是你从他人那里得来的祝福
也是你该承担起的**责任**

富有意味着你比别人更幸运，富有也意味着你比别人有更多的责任。

祝福是别人给予你的，责任是你给予他人的。

幸运代表你赚来的钱，责任代表你花费的钱：

打造一个更好的社区，回报社会，创造价值。

为他人，为周围的世界，不仅仅为了你自己。

Wealth is both a gift and an obligation.
It is a blessing you receive from others, and a responsibility to give onto others.

在犹太教育中有八个等级的"Tzedakah"（慈善）

最高等级的慈善是帮助接受帮助的人帮助自己

犹太谚语说"慈善是财富的调味剂"。

——有些人在没有给予他人的意向时给予了他人；有些人有给予他人的意向，但比他们实际可以给予的少一些。有些人会在被要求后才给予帮助，而有些人则会在被要求之前主动帮助。有时，接受者知道给予者是谁，有时只有给予者知道接受者是谁。最理想的方式是双方都保持匿名，而完美的方式是给予受助者自我帮助的能力。这就是犹太文化中"Tzedakah"（慈善）的全部意义所在。

In Judaism, there are 8 levels of "Tzedakah".
And the highest one is helping the recipient help himself.

"修补世界"是你在这个世界上的使命
金钱只是其中一个帮助你实现它的工具

这个世界并不完美,但作为人类,我们的使命是努力让它变得完美。

生命本身没有意义,除非我们赋予它意义。

我们给予他人什么,而不是从他人得到什么,

这些经历使我们成为谁,这才会赋予我们生活的意义。

我们的责任是修复世界的不完美。

而修复的途径正是社会正义和社会行动。

这就是"Tikun Olam(修复世界)"的全部含义。

而金钱——它仅是帮助我们达到最终目标的一个工具。

"Tikun Olam" is your mission in this world. Money is just another tool to help you fulfil it.

毒品和快乐
金钱和安全
都是一个 幻觉 和 陷阱

就像毒品对身体消极的影响一样，金钱对生活也会有相同的效果。

当我们内心不愉快的时候，我们在外面寻找快乐：

这就是为什么有人会沉迷毒品，寻求快感。

当我们内在缺乏安全感时，我们在外面寻找保障：

这就是为什么人们会陷入金钱的陷阱。

不幸福的状态会让某些人沉溺于毒品。

没有安全感，会让我们沉溺于金钱。

Drugs are to happiness, what money is to security; an illusion and a trap.

你 赤裸(chì luǒ) 着来到世界上
也会 赤裸 着离开

作为一个小孩，你热切地憧憬未来，去探索生活，而不是钱财。
作为一位老人，你悲伤地回忆过去，去反省人生，而不是钱财。
金钱是提高生活质量的工具，而不是生活本身。
有些人的银行账户里拥有一百亿，有些人在世界各地有十座公寓，
还有一些人在衣帽间里陈列着二十个名牌设计师的包：
重要的不是你拥有多少，而是你如何使用它们。
因为生命不是永恒的：
或迟或早，无论你愿意还是不愿意，我们最终都注定会在"同一个地方相遇"
——然而在那里，金钱没有任何意义！

You were born naked, and you will also die naked.

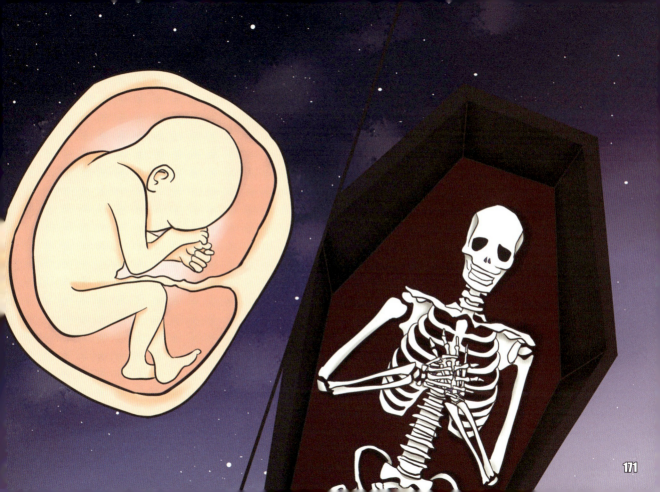

人们**不开心** 并不是因为他们买了什么
而是因为他们 **高估** 了他们想要买的物品的价值

有些人痴迷他们的外貌，他们的一生都在花时间揣摩别人对他们的看法；
有些人害怕失败，他们的一生都活在自己的舒适区里，想尽一切办法来避免失败。
有些人热爱金钱，他们的一生都在省钱，以为这是积累财富。
问题不在于，人们愿意付出多少价格——如何决定过他们的人生。
问题在于，他们认为会回报什么价值——使他们获得快乐。

People are unhappy not because of what they buy,
but rather because they overestimate the value for the things they want to buy.

慈善对金钱的好处就犹如食盐对肉的好处一样

在过去，人们想保存食物，所以他们使用盐。
现如今，人们想留住钱财，所以他们应该从事慈善。
从保险规划和投资计划到银行存款和股票市场，
对于货币来说，
没有多少方法可以根据其大小来保护其价值，
但有一种方法可以让它保留的时间更长——慈善。
因为，虽然分享减少了你的肉的大小，但它也确保你可以使用更长的时间。

The benefit charity provides for money is the same as salt provides for meat.

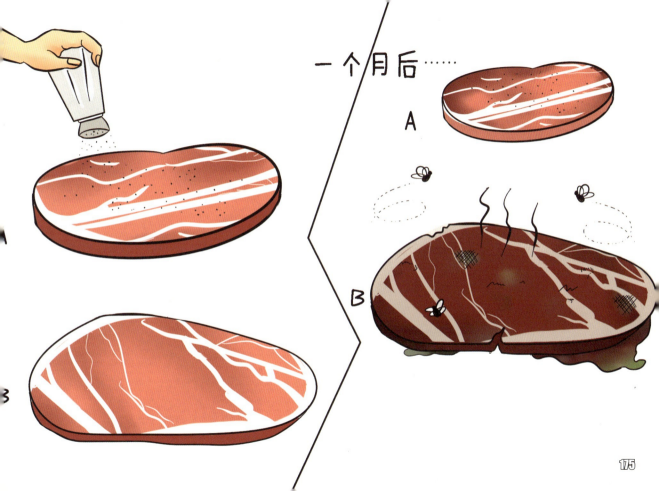

幸福 = 拥有的金钱 * 一颗感恩的心 * 生命的意义

生命最终的追求无外乎是获得幸福。

而金钱、感恩以及意义是影响我们获得幸福的三个重要因子。

有钱的生活让我们更容易获得幸福，但如果没有感恩的心态，也没有富有意义的人生，
那么这种幸福并不是真正的幸福。

常怀感恩之心有助于保护我们的幸福，但如果没钱生活，也没有富有意义的人生，
那么这种幸福是不会长久的。

发现生命的意义可以让我们获得更多幸福，但如果没钱生活，也没有感恩的心态，
那么这种幸福是不可持续的。

尽管这个公式中的三个因子可以随意变化，但是它代表的意义却是不会变的。

这个公式中的变量必须是拥有的金钱、一颗感恩的心以及生命的意义。

而且这些变量都必须是正数！因为虽然"富足的金钱数额"乘"为零的感恩"（有钱生活，但是不懂得感恩）
与"感恩的心态"乘"为零的金钱数额"（懂得感恩，却没有钱生活）相比，是两个不同的组合，
但是这两个组合最终得出的结果却都是一样的，都为零，即幸福为零。

Happiness = Money * Gratitude * Meaning

作者访谈

访谈者：您好，Rafa 导师，刚才通读了您的书，必须告诉您，这是种十分特别的阅读体验，和我在之前购买这本书时的期待截然不同。

受访者：我相信这一点，我猜您读这本书是为了了解如何成为百万富翁的"犹太人的秘诀"，是吗？（Rafa 笑了）

访谈者：是的！老实说，它给人的感觉就是那样的。它带给我的是一种完全不同的金钱观，让我懂得金钱的真实意义，以及我们应该如何使用它，如何与它相处。 现在我已经做好了更充分的准备，要成为一个由内而外、真正的百万富翁了，一个"幸福的百万富翁"。

受访者：我很高兴听到这个消息！感谢您的积极反馈，这就是我希望读者在阅读过程中感受到的。希望这本书能帮助我们打开眼界，思考金钱的真实意义，以及它在我们的世界和生活中的真正用途。

访谈者：您谈到了用处，那么我想问，它真正的用途是什么呢？

受访者：作为人类，我们都期待和寻求着同一个目标，我们的生活目标就是寻找快乐。如同您，还有其他所有的人都是同样的，没有一个人会告诉您他不想要快乐，出于人的天性，这正是人类的精神所渴求的！那么金钱呢？它是一种工具，我强调它是工具而不是玩具，是因为考虑到我们很多人常常混淆，错误地定义了它的用法和目的。它能帮助我们更接近快乐。

访谈者：我可以问问您如何定义刚才提到的工具与玩具之间的区别吗？

受访者：记得曾经有一次，我遇见了我的一位中国朋友，一位近三十岁的才女，她做着一份很好的工作。我们很长一段时间没有见面，有一次下班后约了晚饭，聊了将近两个小时。毫不夸张地说，我们的谈话中大约有 80% 都是关于一件事——钱。"我们可以合作吗？""你有哪些想法或者机会能帮助我在工作之余赚到更多的钱吗？" 我们的聊天基本上都是围绕着同样的话题，关于钱……

访谈者：为什么她对于赚钱如此着迷呢？这和她的家庭背景、处境或者其他特殊的问题有关吗？

受访者：是的，我也很好奇地想知道这一点，所以我问她为什么这么在乎钱呢？是否有经济上的问题或是其他原因？但答案显然恰恰相反：她几乎月入过万，处于深圳的平均收入水平，不高也不低。她的家庭背景是典型的中产阶级，过着寻常的生活，去健身房锻炼、在外面吃饭、和朋友们出去逛街……"那你为什么对金钱如此狂热呢？"我问她。"因为如果我有更多的钱，我就能买到我想要买的东西，去环游世界，不会再有过多的忧虑，甚至可能根本不需要工作了，能过上更轻松的生活。"她笑着说。

访谈者：是的，我知道，她的想法现在在中国很普遍——有钱就快乐了！

受访者：不仅仅在中国。这就是我写这本书的主要原因，因为我见过太多的人误以为金钱就是快乐的代名词，金钱等同于快乐。因此他们努力工作，牺牲了许多，比如健康以及是陪伴他们所爱的人的时间，就为了赚更多的钱。但却发现，尽管现在他们拥有了更多的钱，反而没有以前那么快乐了。因为他们踩进了"金钱的陷阱"里。

访谈者：是的，我个人也经历过这种"金钱的陷阱"！我觉得自己以前更快乐，压力和焦虑感更少。

受访者：重要的是要强调和记住金钱是一种工具而不是玩具。玩具是你们用来玩耍、寻找乐趣的，它的用处和目的在于带给您直接和即时的愉悦感。然而工具是用来修理或者得到某种您想要的东西，能给您带来间接的结果，这唯有通过明智地使用才能得到；这就是金钱真正的使用价值——一种工具，帮助我们更加向上地接近作为人类都期待寻找和获得的快乐。

访谈者：是的，这就是我自己在阅读了您书籍后的感想。读之前我认为犹太人的财富智慧都与赚钱有关，读完以后我才了解到它真正的内容——让人跟金钱和睦相处。

受访者：确实如此！事实上这就是我想要带给读者的：一本远远不只有一个封面和几页纸的书，而是一种来源，一种"智慧的源泉"与"犹太人的财富智慧"，一方面帮助我的中国朋友们理解犹太人财富智慧的本质，另一方面给予他们和金钱更好相处的正确的工具。

我还想要强调，我们不应该混淆的是，我们社会中的问题并不是和钱有关的，相反，金钱本身有着积极的影响，在我们的生活中扮演着重要的角色；它是我们生存的保障，幸福的桥梁。当孩子们带着错误的价值观和对金钱用途的误解长大时，问题就产生了。他们没有受到关于金钱的实质内涵的适当教育便导致了与亲人、爱人和朋友之间的纷争，让人变得更孤独，更失落，离快乐越来越远，问题也就出现了。

访谈者：我也这么觉得，尤其是从周围人身上可以看出，貌似人们拥有越多的钱，生活就会变得越不幸福，压力越来越大。

受访者：您认为哪一种人更快乐呢？是那些生活在五十年前的中国人，还是生活在当今的中国人？想想这个问题，您会得到答案……金钱并不能保证快乐，同样也买不到快乐。

访谈者：所以我们能够或者应该做什么呢？您有哪些结论可以和我们分享吗？

受访者：作为成年人，我们首先应该不断向前，尝试学习、理解和提升自己。只有这样，一旦我们拥有了正确的思维，我们才能去影响周围的朋友、同事、爱人、孩子或者其他任何我们所接触的人。更进一步，意识到培养孩子的财富思维，令他明白金钱的真正价值和用途是很重要的一件事，我相信这样不仅能让我们的社会变得更强大，也能帮助人们过上更幸福的生活。毕竟这是金钱的真正用途，也是我写这本书真正的意图。

访谈者：Rafa 导师，看完您的这本书，最后还想请教您，是否可以用一句话总结出您的理财观念？

受访者：我想要说的是，只有当您失去了所有的财富，您才能衡量自己真正的财富水平！

访谈者：很精辟！谢谢您，Rafa 导师。

受访者：不客气。这是我的荣幸。

我如何用现有的钱购买比现在更多的幸福?

סקרנות

[Sakranut]

好奇心

我在这个世界上的存在是否为我周围的人增加了价值？

טוב לב

[Tuv Lev]

仁慈

除了赚钱，

我还能做些什么来改变和改善我的生活，

让我变得更快乐？

תקווה

[Tikva]

希望

当我离开这个世界时，

我想让别人怎么谈论我？

我想让他们说什么？

חלום

[Halom]

梦想

除了赚钱，

我还能做些什么来改变和改善我的生活，

让我变得更快乐？

תקווה

[Tikva]

希 望

当我离开这个世界时，

我想让别人怎么谈论我？

我想让他们说什么？

חלום

[Halom]

梦想

什么事情会让你在临终时感到后悔？

אהבה

[Ahava]

相关书籍

《"犹"趣的思维》

一本堪称图画浓缩版的《塔木德》。通过独具一格、趣味盎然且生动形象的视觉语言,对犹太人神秘的创造思维和财富教育背后的秘密进行分析、探索和解读。希望带领读者徜徉、置身于犹太智慧这座根基,并深刻体会其经年累月积累下来的智慧。